바다의 사냥꾼
백상아리

www.dk.com

LEVEL 2

바다의 사냥꾼 백상아리

루스 머스그레이브

DK | 삼성출판사

차례

상어가 나타났다!

시커먼 바닷물을 가르며 뾰족한 지느러미가 다가와요.
커다란 입이 쩍 벌어지며 보트 너머로 모습을 드러내요.
입안 가득 톱니처럼 날카로운 이빨이 번뜩여요.
"악, 상어가 나타났어요!"
텔레비전에서 이런 오싹한 장면을 흔히 보게 된 후
사람들은 백상아리를 세상에서 가장 무시무시한 동물 중
하나로 생각하게 되었어요. 맞아요, 백상아리는 사나운
사냥꾼이에요. 하지만 사람을 해치지는 않아요. 오히려
이 큰 물고기는 사람을 피해 다녀요.
지금부터 커다란 물고기 백상아리에 관해
샅샅이 알아보기로 해요. "뭐라고요? 백상아리가
물고기라고요?" 맞아요, 물고기예요. 상어는 물고기의
한 종류이고, 백상아리는 상어의 한 종류이거든요.

‘흰둥이’ 상어

백상아리는 배 쪽이
하얘요. 그래서 ‘하얀색’을
뜻하는 ‘백’ 자가 붙었지요.

시원한 게 좋아!

12~24도 정도 되는 시원한
바닷물이 있는 곳이라면
전 세계 어디서든 백상아리를
만날 수 있어요.

아기 백상아리

아기 백상아리는 태어날 때부터 잘하는 게 많아요.
헤엄을 치고, 사냥을 하고, 포식자의 눈을 피해 숨지요.

아기 맞아?

새로 태어난 아기 백상아리는
몸길이가 1.5미터에 가까워요.
어린이용 자전거만큼 크지요.

엄마 백상아리는 바닷가 근처에서 알을 낳아요. 새끼에게는 아무래도 깊은 물보다는 얕은 물이 안전하기 때문이에요. 깊은 물에서는 덩치 큰 포식자들이 활개를 치며 돌아다니지만, 얕은 물에는 잘 나타나지 않아요.

사람 아기와 달리 아기 백상아리 입안에는 날카로운 이빨이 잔뜩 나 있어요.

백상아리의 모든 것

백상아리는 무척 커요. 몸길이는 4미터가 넘고,
몸무게는 1000킬로그램 가까이 돼요.
다른 상어와 마찬가지로 백상아리는 단단한 뼈 대신
여러분의 귀나 코 같은 연골을 갖고 있어요. 말랑말랑한
연골은 가벼운 데다 쉽게 구부러지지요.
부드러운 연골 덕분에 상어는 빠르게 헤엄을 치다가도
갑자기 방향을 홱 틀 수 있어요.

럭비공처럼 생긴 타원형의 몸통 또한 바닷물을 가르며
재빨리 헤엄칠 수 있도록 도와줘요.
짙은 회색빛 등과 새하얀 배는 몸을 감추기에
안성맞춤이에요. 짙은 회색빛 등은 시커먼 바닷물에
섞이고, 새하얀 배는 바다 위에서 쏟아지는 햇빛에
섞여요. 몸을 숨긴 백상아리는 슬그머니 먹잇감에
접근할 수 있지요.

백상아리는 지느러미가 여러 개예요. 위쪽에 있는 등지느러미는 몸의 방향을 돌리거나 동작을 멈추는 데 쓰여요. 그리고 다른 지느러미는 빠른 속도로 헤엄칠 때 몸의 균형을 유지하는 데 쓰이지요.

빳빳한 지느러미

백상아리는 지느러미를 접을 수 없어요.

저리 비켜!

백상아리는 종종 꼬리지느러미를 크게 휘둘러 다른 상어를 쫓아내요. 먹잇감을 지켜 내는 방법이에요.

꼬리지느러미는 빠른 속도로 헤엄치기에 알맞은 모양을 갖추었어요. 백상아리는 강력한 근육의 힘으로 꼬리지느러미를 흔들면서 앞으로 나아가요.
참, 백상아리는 아래위로 꼬리지느러미를 흔드는 돌고래와 달리 양옆으로 흔들어요.

삼각형 모양 이빨의
모서리는 날카로운
톱니처럼 생겼어요.
저 섬뜩한 이빨이
300개가량 여러
줄로 나 있어요.
그게 다가 아니에요.
이빨이 빠지면 뒤쪽에 있던
이빨이 그 자리를 채워요.

놀랄 일은 또 있어요. 사람의 이빨은 두 번만 나고
끝이지만, 백상아리의 이빨은 죽을 때까지 계속 나요.
백상아리는 이빨로 먹잇감을 물고 조각조각 잘라요.
그런 다음 잘라 낸 덩어리들을 꿀꺽 삼켜 버리지요.

아유, 맛없어!

백상아리도 맛을 볼 수 있어요. 입안과 목구멍에 맛을
느끼는 미각 세포가 두루 흩어져 있기 때문이에요.
그런 까닭에 이 사나운 사냥꾼도 맛없는 먹이는 그냥
뱉어 내요.

뛰어난 감각

보고, 듣고, 냄새 맡고, 맛보고, 느끼는 능력을 감각이라고 해요. 백상아리는 먹잇감을 찾는 감각이 매우 뛰어나요.

백상아리는 두 귀로 먹잇감이 내는 소리를 들어요.
듣는 감각이 훌륭하다는 말인데, 그렇다고 귀가 크지는
않아요. 반대로 어디 있는지 찾기 어려울 만큼 작아요.
꼼꼼히 살펴보세요. 눈 뒤쪽에 난 작은 구멍에 귀가
숨어 있어요.

숨 쉬는 법

백상아리는 여느 물고기처럼 아가미를 통해 숨을 쉬어요. 바닷물을 입에 머금었다 아가미로 내보내는데, 이때 물속에 포함된 산소가 몸 안으로 흡수되지요.

백상아리의 감각 가운데 가장 뛰어난 것은 냄새를 맡는 감각이에요. 백상아리는 물속에서도 냄새를 잘 맡아요. 바닷물에 실려 온 냄새가 코를 적시면 곧바로 냄새를 따라가 먹잇감을 찾아내요.

물론 공기 속을 떠도는 냄새를 맡을 수도 있어요.
백상아리는 이따금 수면 위로 코를 비죽 내밀어
냄새를 맡아요.

백상아리는 어두컴컴한 바닷물 속에서도 잘 볼 수 있어요. 눈 뒤쪽에 있는 '휘판' 덕분이에요. 휘판이 눈을 통해 들어온 빛을 거울처럼 반사하면서 빛의 양을 늘려 주거든요. 빛이 늘어나면 자연스레 어둠 속에서도 선명하게 볼 수 있지요.

먹잇감을 사냥할 때면 눈알을 머리 안쪽으로 돌려서 눈을 보호해요. 먹이가 도망가려고 발버둥 치다가 백상아리의 눈을 다치게 할 수도 있기 때문이에요.

백상아리는 사람에게 없는 감각 기관을 두 가지 더 갖고 있어요. 뛰어난 사냥꾼에게 꼭 필요한 감각 기관이에요.

아가미에서 꼬리까지 몸통 양옆에 난 '옆줄'이 그중 하나예요. 백상아리는 이 선을 이용해 근처에서 움직이는 다른 동물을 찾아내요.

두 번째는 백상아리 머리에 있는 작은 구멍인 '로렌치니 기관'이에요. 전기 신호를 잡아내지요. 백상아리는 전기 신호를 이용해 눈에 보이지 않는 먹잇감도 턱턱 잡아먹어요.

도망쳐!

빠른 속도와 큰 덩치, 뛰어난 감각과 날카로운 이빨은 백상아리의 강력한 무기예요. 백상아리는 먹이를 잡기 위해 이 모든 무기를 사용해요.
백상아리가 수면 근처에서 헤엄치는 물개를 노리고 있어요. 물개가 알아채지 못하게 아래쪽에서 쫓아가요. 하지만 달아날 낌새가 보이면 단숨에 달려들어 물어뜯기에 충분할 만큼 가까워요. 백상아리는 끈질기게 따라가며 기회가 오기만을 기다려요. 그러다 온 힘을 모아 물개를 향해 벼락같이 튀어 올라요.
하지만 몰래 숨어 쫓아가는 사냥법이 항상 성공하는 것은 아니에요. 날렵한 물개는 공격을 피해 잽싸게 달아나곤 하지요.

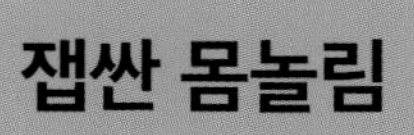

잽싼 몸놀림

물개는 백상아리처럼
빠르게 몸을 틀어
방향을 바꿀 수 있어요.

덩치가 큰 물개는 백상아리를
물거나 할퀴면서 반격을 퍼부어요.

백상아리의 저녁밥

백상아리는 오직 고기만 먹어요.
어린 백상아리는 작은 먹잇감을,
어른 백상아리는 큰 먹잇감을 원해요.

남아프리카물개
코끼리바다물범
아메리카대왕오징어
바다거북

두 얼굴의 포식자

'상어'라는 말을 들으면 많은 사람들은 백상아리의 강력한 턱과 날카로운 이빨을 떠올려요. 이처럼 백상아리는 세상에서 가장 유명한 상어예요.

사실 백상아리는 상어 중에서 가장 큰 상어도 아니고 가장 작은 상어도 아니에요. 하지만 힘과 덩치, 그리고 사냥 기술 등 모든 면에서 뛰어난 사냥꾼임은 틀림없지요. 이것이 사람들이 백상아리에게 느끼는 공포의 원인일지도 몰라요.

포식자의 포식자

백상아리를 해치는 포식자는 둘밖에 없어요. 범고래와 사람이에요.

그래도 가만히 따져 보면 백상아리가 사람들에게
위험한 것보다, 사람들이 백상아리에게 더 위험해요.
물고기를 잡으려고 쳐 놓은 그물이 백상아리를 해치기
때문이에요. 바다 오염으로 고통받기도 하고요.
백상아리는 강하지만 동시에 사람들이 보호해야 할
연약한 동물이에요.

용어 정리

로렌치니 기관

백상아리의 머리에 난 작은 구멍. 전기 신호를 잡아낸다.

먹잇감

포식자의 먹이가 되는 동물

범고래

바다에서 가장 강력한 사냥꾼. 백상아리뿐만 아니라 다른 고래도 잡아먹는다.

아가미

물고기처럼 물속에서 사는 동물의 호흡 기관. 허파와 같은 역할을 한다.

옆줄

아가미에서 꼬리까지 물고기의 몸통 양옆에 늘어서 있는 줄. 백상아리는 이 선을 이용해 근처에서 움직이는 다른 동물을 찾아낸다.

포식자

다른 동물을 사냥하여 먹고 사는 동물

휘판

눈을 통해 들어온 빛을 거울처럼 반사하여 빛의 양을 늘려 주는 기관

퀴즈

이 책을 읽고 무엇을 알게 되었는지 물음에 답해 보세요.
(정답은 맨 아래에 있어요.)

1. "백상아리는 지느러미를 접을 수 있다." 진실 또는 거짓?
2. 백상아리의 뼈는 무엇으로 이루어져 있을까요?
3. 백상아리가 어두컴컴한 바닷물 속에서도 잘 볼 수 있는 이유는 무엇 때문일까요?
4. 백상아리의 이빨이 빠지면 어떤 일이 일어날까요?
5. 백상아리는 무엇을 이용해 숨을 쉴까요?

1. 거짓 2. 연골 3. 휘판
4. 뒤쪽에 있던 이빨이 그 자리를 채운다. 5. 아가미

DK 읽는재미!
SUPER Readers
아이들의 흥미와 발달을 모두 고려한
체계적인 읽기 프로그램 <DK 읽는 재미>.
스트레스 없는 책 읽기를 통해
아이들의 문해력이 자연스럽게 향상됩니다.

LEVEL
1
스스로 읽어요
취학 전~ 초등 1학년
정글 속에는 누가 살까?
시끌벅적 농장의 하루
동물들아 밥 먹자
아기 동물들은 귀여워
올챙이의 변신
신비한 바닷속 탐험
점프 챔피언 돌고래
트리케라톱스 vs 티라노사우루스
나비의 한살이
바쁘다 바빠, 부지런한 꿀벌
멍멍 개 우리의 친구
야옹야옹 고양이 가족
무엇을 타고 갈까요?
일하는 중장비차
꽁꽁 얼음 왕국
오늘 날씨 어때?
본문 32p